성지중학교 1학년 학생시집

오늘은 무지개떡

김경순 · 배명은 엮음

만인사

| 책을 펴내며 |

홍시빛 아련한 그리움이 되기를

감나무 꼭대기에 달려있는
빨간 감 하나
올 때 갈 때 먹고 싶어
침만 꼴깍
에라이 모르겠다. 따 묵고 보자

먹고 나서 남은 건
한 바가지의 꾸중
—「홍시」

어느 해 햇볕 좋은 가을날, 친정집에 갔더니 어머니의 일기장에 제가 초등학교 3학년 때 쓴 동시 「홍시」가 적혀 있었습니다. 정작 시를 쓴 저는 기억도 없는데 칠순의 어머니는 10살 딸이 쓴 「홍시」를 40여 년 동안이나 고이 간직하고 또 외워서 중년의 딸에게 들려주셨습니다. 거기에다 커다란 대봉감도 함께 건네주셨습니다.

어머니는 감 하나 따먹었다고 어린 딸에게 한 바가지 꾸중밖에 할 수 없었던 그 옛날 당신의 모습에 속상하고 미안하다시며 연신 눈물을 찍어내셨습니다. 동시 「홍시」는 어머니와 저를 어린 날의 아련한 그 시절로 데리고 간 시간 여행이었습니다.

동시를 암송해주시며 홍시를 권하시던 친정어머니는 이제 먼 나라로 훌쩍 떠나셨고, 발그스름한 홍시빛 그리움만 제 가슴에 아련하게 남았습니다.

국어 선생 30년 되는 해에 만난 귀여운 중1 아이들과 시를 읽고 쓰면서 설레었습니다. 자신의 속마음을 가감없이 솔직담백하게 표현하는 아이들을 만나 참 행복했습니다. 그 설렘의 결과물로 성지중 1학년 학생시집 『오늘은 무지개떡』이 출간되었고, 이 소박한 시집이 먼 훗날 아이들과 부모님들에게 더없이 소중한 추억을 선물할 것입니다.

『오늘은 무지개떡』이 먼 훗날, 어느 어머니가 14살난 딸과 아들이 쓴 시를 암송하면서 오랜 시간 정담을 나눌 수 있기를 소망해 봅니다.

김경순

다시 봄날을 기다리며

연둣빛 새순 가득한 봄날
맨발 벗은 친구 따라 동산에 나섰더니
향그러운 꽃봉오리
시 마음이 열리고
저절로 시 줄기가 뻗어간다.
14살 친구들 시 따라 노래 따라
무더기 무더기 꽃시들이 피어난다.

푸르른 향기 그득한 동산에 또 오르고 싶어지는 오늘, 저에게 시친구, 길친구가 되어주신 성지중 1학년 아이들과 김경순 선생님에게 특별한 감사 마음을 올립니다.

배명은

차례

| 책을 펴내며 |

3. 우리는 꽃이다

차례

4. 화이트홀은 꿈

5. 친구들아 어디 있니

6. 불쌍한 엄마손

차
례

7. 꾀병 두 스푼

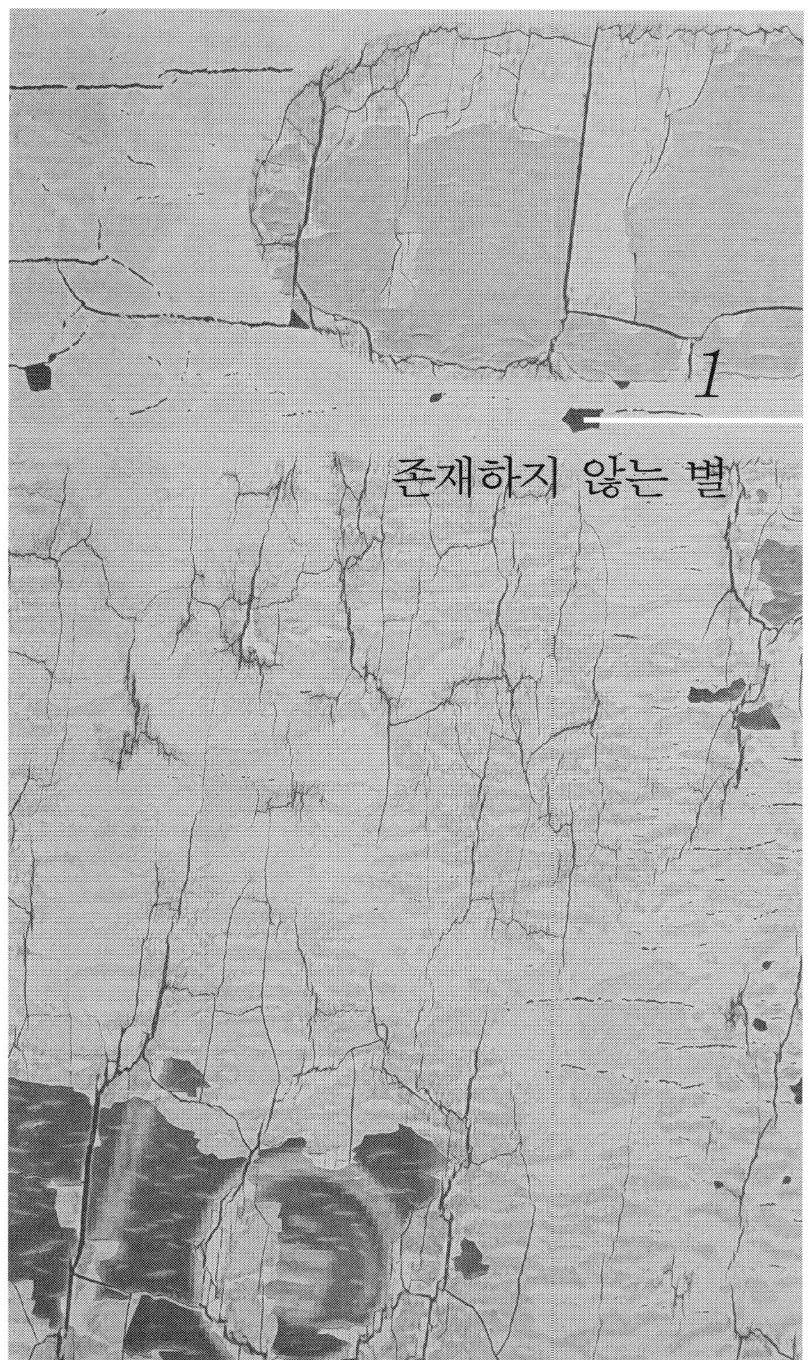

1

존재하지 않는 별

별

하 지 우

하늘 위
빛나는
별

하늘 아래
빛나는
또 다른 별

존재하지 않는 별

김 지 원

세상에는 참 많은 별이 있다
나는 나의 별을 찾는다
저 하늘에 별들을 헤아린다
헤아리고 또 헤아린다

저 하늘에 별들이 너무 많아서인가
저 하늘에 별이 존재하지 않는 것일까

그 별의 이름은 무엇인지
그 별은 어떻게 생겼는지
존재하지 않는다는 사실을 알면서
언젠간 생길까

진실을 뒤로 한 채
오늘도 하늘 헤매며
나의 별을 찾는다

영감

김 다 은

평소에는 번쩍번쩍
잘도 떠오르던 영감 구름

영감이 필요할 때면
나의 머리 회로는
영감 구름을 뿜어내지 않는다

머리에 바람이 세차게 불어
내 영감 구름 저 멀리 날려버린 건지

안개가 뿌옇게 머리에 끼어
꼭꼭 숨어버렸는
내 영감 구름

우산

장 현 욱

길거리에 버려져 있는
우산 하나

차가운 비를 맞으며
가만히 누워만 있는
우산 하나

사람들의 바쁜 걸음 속
이리저리 부대끼는
우산 하나

오늘도 그러려니
서늘한 새벽이 오길 기다리는
우산 하나

내 마음

최송원

파도처럼 흔들리는 나
배의 선장이 되어
파도를 헤쳐 나간다

거센 파도를 만나도 괜찮다
나는 이길 수 있을 테니

계속 앞으로 나아가다 보면
잔잔하고 따스한 곳 있을 것이다

흔들리지 않게 마음 잡아
목적지에 곧 도착할 테니까

불 좀 꺼줘

정 다 영

날이 저물면 매일 들리는
언니가 부르는 소리

가기 귀찮아도
안 갈 수 없는 다급한 목소리

맨날하는 말 똑같지만
혹시나 무슨 일이 있을까 간다

하지만 맨날 같은 언니의 말

"불 좀 꺼줘"
아! 또 속았다

원하지 않았던 일

정 예 원

아빠가 욕하는 걸 보고
난 욕하지 말아야지

TV 속에 사람들 욕하는 걸 보고
난 욕하지 말아야지

친구가 욕하는 걸 보고
난 욕하지 말아야지라고

다짐하고 다짐했지만
오래 가지 못한 것 같다

오늘은 무지개떡

정 지 인

하나둘 꺼지는 가로등을 지나
깜빡이는 아파트 1층 센서등을 지나
띵 소리와 함께 엘리베이터 문이 열리면
나는 오늘도 토끼를 보러 간다
현관문 열고 베란다 밖을 보면
오늘도 어김없이 떡방아 찧는 토끼 두 마리
오늘도 내게 떡을 줄려는 모양이다
어제는 가래떡
오늘은 무지개떡
내일은 콩떡
동화 속에서나 보던 떡 토끼
꿈 속에서나 보던 떡 토끼
나도 언젠가는 저 토끼가 사는 그곳
달나라로 가 떡 찧는 것을 도울 테야

라디오

손 민 재

차 안에서 들려오는 소리
멍 때리는 나를 웃기는 소리
운전하는 아빠를 행복하게 만드는 소리
조수석에 있는 엄마를 깨우는 소리
크게 들리는 야구 중계 소리
에어컨 히터 바람 느끼며 듣는 노래 소리
차 안에서 계속 들리는 정겨운 소리
토크쇼가 시작되는 노래 소리
우울한 나를 싱글벙글 웃게 하는 소리
라디오 소리

사이렌

김 규 연

지각해서 뛰어가는데
딱 멈춰버린 신호등
'에 에 에 엥'

다른 날보다 국어숙제
더 많이 내주시는 선생님
'에 에 에 엥'

다른 반 아이들이
교문을 통과할 때도 계속되는
선생님의 종례 말씀
'에 에 에 엥'

영어학원 시험 친 후
선생님의 한 마디
"오늘 틀린 거 모두 4번씩 쓰기로 해요~."
"에 에 에 엥~"

눈치 없이 진짜 울려버린
내 마음 속 사이렌 소리

마음의 문 열쇠

김 다 은

마음의 문 여는 열쇠는
가진 이의 성격과 말투 닮았다

둥글고 빛나는 열쇠는
마음의 문이 철컥 열리고

날카롭고 녹이 슨 열쇠는
다른 이의 마음을 베이게 하고

인사는
마음의 문을 여는 열쇠다

이상하다

정 시 훈

자라고 하면 잠이 안 오고
공부하라고 하면 하기 싫고
양치하라고 하면 하기 싫고
책 읽으라고 하면 읽기 싫고

게임하지 말라고 하면 더 하고 싶고
놀지 말라고 하면 더 놀고 싶고
위험한 장난치지 말라고 하면 더 하고 싶고
돈 아껴 쓰라고 하면 펑펑 쓰고 싶고

마음이란 정말로 이상하다

사진

최 송 원

나에게 일어나는 일들
모두 사진 속에 담고 싶다

지금 이 순간 영원히
기억될 수 있도록
남는 건 사진뿐이다

찰칵하는 셔터 소리와 함께
순간은 영원이 된다

너와 함께

낙서

오 지 윤

내 마음속 낙서가 하나 생긴다
검은 연필이 나한테 닿을 때마다
따끔따끔 아파온다

내 마음속 낙서가 지워진다
이번에는 지우개가 나에게 닿는다
조금씩 지워지는 검은 낙서

그렇지만 상처가 나으면 흉이 지듯
완벽하게 지워지지 않는다
마음 속에 계속 남은 채로

사과의 말

김 지 호

어느 날 친구와
투닥투닥 다투었을 때

목구멍 끝까지 올라와도
끝내 나오지 않는 말

주절주절 변명 대신
해야 하는 말

투닥투닥 다툰
친구에게
먼저 손 내미는 말

미안해

우리를 다시

연결시켜주는

단단한 그 말

미안해

필통

윤 준 아

필통 안에 있는

오돌토돌한 길 말고 부드러운 길로 가게 해주는 사람처럼
나쁜 기억은 지워주고 좋은 기억만 남겨주는 지우개처럼
좋은 친구는 남겨두고 나쁜 친구와 관계를 끊어주는 가위처럼
친한 친구와 떨어지지 않게 붙여주는 테이프처럼
시험을 망치지 않게 도와주는 컴퓨터 사인펜처럼

또 본받을 친구 어디 없나?
오늘도 난 필통을 뒤적거린다

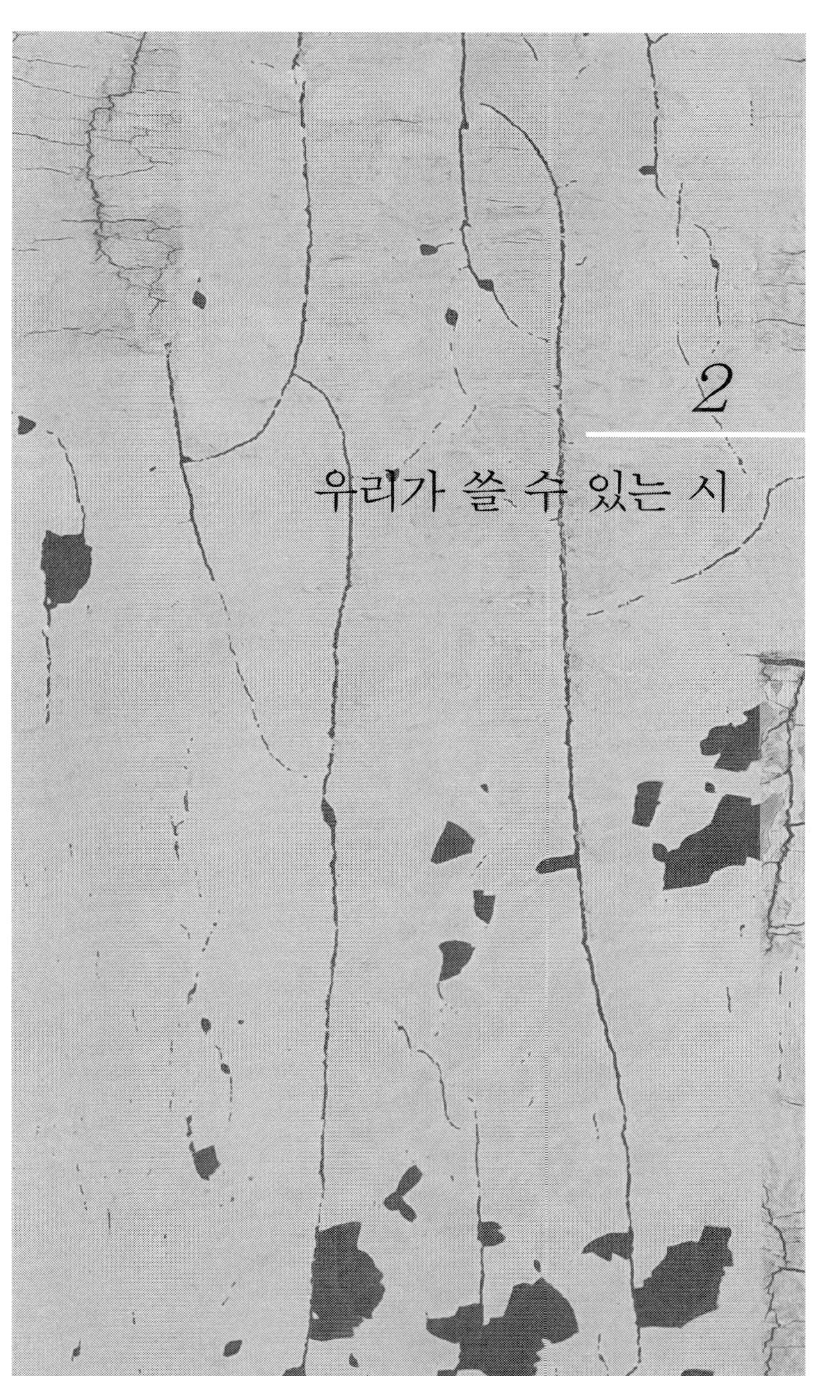

2

우리가 쓸 수 있는 시

친구처럼

오 지 원

한글에는 자음과 모음이 있다
자음과 모음은 친구 같다

서로가 있어야지 더 빛나는 친구처럼
자음과 모음도 같이 있어야 더 빛난다

함께 있어야지 서로 도움주며 성장하는 친구처럼
자음과 모음도 함께 해야 예쁜 단어가 만들어진다

그렇게 만들어진 예쁜 단어들은
매일매일 친구처럼 꼭 붙어있다

한글은 대단하다

이 지 은

사람들의 궂은 반대에도 꿋꿋이
다른 나라의 위협에도 꿋꿋이
갖은 어려움과 고난 속에서도
그 빛 잃지 않았다

그 역경 이겨낸 한글도
이겨내지 못하고 있는 것이 있으니
바로, 사람들의 언어 습관이다

욕설, 외래어로 점점 빛바래지는 한글
비속어, 한자어로 점점 가려지는 한글
더 이상 한글을 공격하지 말아야 한다

한글, 얼마나 대단한 글인가!

우리가 쓸 수 있는 시

오 지 윤

나라서 쓸 수 있는 시
중학생이 쓸 수 있는 시

나라서 쓸 수 있었던 시들은
우리가 써왔던 시들을 만들고

우리가 써왔던 시들은
한 권의 시집으로 태어나고

우리가 걸어갈 길
어둔 밤 골목길 가로등처럼
묵묵히 밝혀줄 거야

세종대왕님의 눈이 나빠진 이유

박 지 우

너희들은 그거 아니?
세종대왕님의 눈이 나빠진 이유를
그 이유는 바로 한글이
눈부시게 예뻐서야

너희들은 그거 아니?
세종대왕님이 훈민정음 만드신 이유
바로 백성들이 눈부시게 아름다워서야

너희들은 그거 아니?
내가 왜 한글을 쓰는지
한글이 항상 내 옆에 있어서야

창문 밖

김정근

지루한 수업시간 무심코 쳐다본 창문 밖
고요한 바람에 살랑살랑 흔들리는 나뭇잎들
운동장에선 웃고 떠들며 축구하는 사람들
그 모든 걸 비춰주는 따뜻한 햇살들

국경 너머 먼 곳
큰 총성 소리에 피 흘리며 쓰러지는 사람들
무너진 도시 속 비명 지르는 사람들
잿빛 구름에 끼어든 한줄기 빛이 주는 희망

잠시 멍 때리는 것을 멈추고 생각한다
우리를 위협하는 것 모두 평화로 물들었으면

가짜 감정

황효정

언제나 쓰고 있는 웃음 가면
가면 뒤에 숨겨진
나의 마음

진짜 감정 숨기고
가짜 감정 드러내고

분위기 망칠까봐
화내지도
울지도 못하고
가짜 감정 내세우는

마음 속에서는 울고 있는데
마음 속에서는 혼자 고립되어 있는데

내가 쓰고 있는 가짜 감정 때문에

아무도 알아주지 않는
진짜 내 마음

나조차도 두려운
진짜 내 마음

고장 나 버린 시간들

이 나 현

째깍, 째깍
잘 돌아가던 시계바늘 분침이
서서히 멈춰지기 시작한다

멈춰져 가는 우리의 시간들처럼
망가져 가는 나의 마음처럼

째깍, 째깍
잘 돌아가던 시계바늘 초침마저
끝내 수명을 다하였다

마치 내 마음 속 시계처럼
나의 유일한 희망처럼

다시 돌아갈 수 없는
분침과 초침 바늘처럼

내 망가진 마음도 예전으로 돌아갈 수 없다

이제 정말 고장 나 버린 걸까

초조함

박 상 규

다른 애들은
시화 잘만 그리고 있는데
나는 앞 시간에 빠져서
시 준비도 못하고

멀뚱멀뚱
흰 도화지만 보고 있다

저기 옆에 다른 애는
아무것도 안하고 멍 때리고 있다가
혼나고 있는데

나는 어차피 시간 때문에
공백일 도화지일 뿐인데
왠지 마음이 찔린다
그저 초조함만 커진다

교문 밖

정 유 성

아. 머리 아프다
아침부터 조퇴할까 말까

선생님께 말하니
보건실에 가라 하신다

약 먹고 시간표 보니
아. 수학이다.
아, 머리가 더 아프다

조퇴증 받고
교문 밖에 나오니
아. 머리 안 아프다

갱상도말

서 유 진

서울 사는 친구가 나에게 말한다
“너 생각보다 억양이 세네”
또 그 뒤에 붙는 말
“거슬려”

빠각, 자존심에 흠집이 난다
난 이렇게 답한다.
“야, 갱상도 자부심이 있제~”
그리고 그 뒤에 붙는 말
“사투리가 뭐 어때서”

그래, 사투리가 뭐 어때서
사람들은 항상 서울말을 중심으로 둔다
이리 아름다운 사투리를 두고

그므시라꼬!

조 수 민

그므시라꼬!

‘그거 뭐라고, 더 잘하면 되지.’
경상도 사투리다

나는 힘들어하는 친구들에게
이 말 자주 해주곤 한다
다시 툴툴 털고 일어날 수 있을 거 같아서

모두,
그므시라꼬!

돌아가자

조 재 희

끝나고 가자
어디든 가보자

책상에 엎드려 12시간
지겨운 소리 다 끝나고
손 잡고 가자

뛰지 말자
어디든 걸어가자
책에 고인 게 침인지 땀인지
아무도 모르게 투둑투둑
떨어지는 빗소리에

보글보글 끓고 있는
엄마의 된장찌개 소리

으으음, 지지직거리는

TV 앞 라면 한 그릇 앞으로

나의 마라톤

서 지 우

준비 땅~

시작을 알리는 총소리
들리면

나는 최선을 다해
도착 지점 향해 달린다

숨이 차다 싶으면 걷고
힘이 든다 하면 더 천천히 걷는다

어느새 도착 지점

'아, 주말이 왔다'

청포도 꽃

주 해 리

친구들 도란도란 앉아
시 쓰고 있는 정자 위

도란도란 모여 있는 연둣빛
따스한 봄햇살에 반짝이는 연둣빛
따스한 봄바람에 살랑이는 연둣빛

자세히 들여다보니
청포도 여러 송이 모여 있네

이름 모를 그 꽃들
나의 청포도 꽃

색종이꽃

김서윤

가지각색 색종이들로
한 땀 한 땀 접은 카네이션

한 송이 한 송이 모아
부모님께 전해드린다

조그마한 색종이꽃
나의 큰 마음 전해줄
색종이꽃

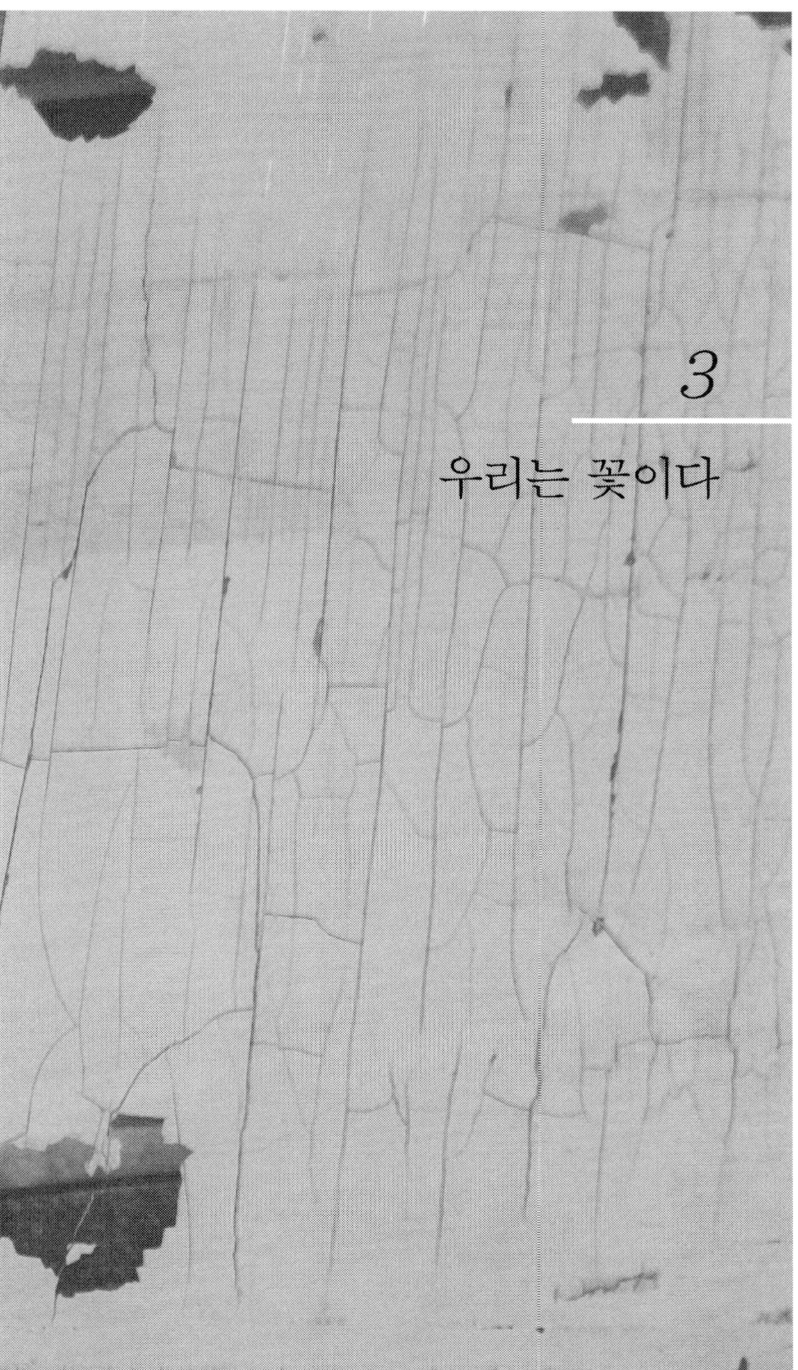

3

우리는 꽃이다

무지개

조 서 윤

봄은 무지개 같다

이쪽에는 민들레가
저쪽에는 홍매화가

여기에는 개나리가
저기에는 소나무가

살랑살랑 봄바람 불어오는 하늘도
아장아장 아기가 걸어오는 길도

모두 알록달록 무지개 같다

우리는 꽃이다

윤 혜 진

봄의 시작을 알리는 것처럼
개미들이 땅에서 올라온다

겨울 동안 얼어있던 나뭇가지들이
하나 둘씩 생기가 돌아오고
꽃봉오리 피우기 시작한다

다 똑같아 보이는 나뭇가지들이지만
피우는 꽃의 색과 모양이 다 다르듯
너도 그렇다

지더라도 다시 피는 꽃처럼
넘어져도 다시 일어날 줄 아는
우리는 꽃이다

시작

김 제 엽

새로운 하루를 시작하는
아침의 햇살

새로운 생명을 시작하는
잔디의 새싹

새로운 출발을 시작하는
탕탕 총소리

새로운 마음으로 시작하는
우리가 좋다

겨울 지나 봄

박 지 후

바람 불고 내내 추워했던
겨울이 지나고

겨울 동안 잠들어 있었던
생물들이 점차 깨어나고

날씨가 따뜻해져 내 마음에도
봄이 다가왔다

항상 어두운 색이었던 나무들이
푸릇푸릇해지고

겨울에는 보지 못했던
까만 점 같은 개미들이
땅으로 올라온다

1년 중
마음이 가장 따뜻해지는
봄이 왔다

바로 너

윤 채 원

봄이 왔다
봄이라 분홍분홍할 줄 알았는데
연두색으로 물들어져 있었다

꽃이 활짝 핀 것 같았는데
벌써 꽃들이 떨어져 아쉬웠다

우리 반 단체 사진 찰칵 찍었을 때
스마트폰 속 사진에서 꽃이 피었다

그 꽃이 누구냐고 묻는다면
나는 이렇게 말할 것이다

그 꽃은 바로 너

계절

임민조

책 한 권 들고
문 열고 책 속으로 발 들여 봅니다

책이 말하는 꽃말 모를 꽃들이
제 코끝 스쳐 지나갑니다

다음 장을 넘기면
바닷가의 모래 알갱이가

제 발 감싸고
바닷물에 흘러 내려 갑니다

봄의 소리

유 하 민

사그락 사그락
나뭇잎이 부딪히는 소리

콩닥콩닥
나무가 깨어나는 소리

재잘재잘
봄을 알리는 새소리

팡팡팡
꽃이 피는 소리

두근두근
봄이 열리는 소리

밤

권 예 진

세상의 소음과 시선을
잠시 닫은 채 잠시 가린 채
어디론가 훌쩍 떠나고 싶은 밤

내가 나다워지고
내가 날 사랑하면
나는 좀 더 괜찮아질까 생각하는 밤

다른 아이들의 속삭임 들으면
너무 쉽게 무너져 내린
내가 한심하고 후회하는 밤

이제 나는 괜찮아지기를
이제 나는 행복해지기를
오늘의 나를 되돌아보는
그런 밤

한순간의 봄

이 서 영

한순간에 왔다가
한순간에 사라지는 봄

쏜살같은 치타처럼
깜빡하면 사라지는 별똥별처럼
너무나 빠른 봄

이런 한순간의
소중한 순간처럼

우리의 봄도
한순간이 되어버리면 어쩌지?

우리의 봄

권 서 현

설렘을 가득 안고
한 걸음 두 걸음 내딛는 우리

바닥엔 아름다운 꽃
눈 앞엔 커다란 나무

봄처럼 따스히 웃는 친구들
꽃처럼 활짝 웃는 친구들

눈을 감으니 들려오는
친구들의 웃음소리와 자연의 소리

눈을 감고 느끼는
우리의 봄

내 마음 속 가을

정 윤 서

새파란 하늘을 보니
새들의 날개짓을 보니

빨갛게 물든 나무를 보니
노랗게 물든 나무를 보니

마음이 텅텅 비워진다

평소엔
잘 털어내지 못하는 마음도
복잡한 마음도

이 가을 숲 속에서만큼은
다 비워 내버리고 싶다

단풍

윤 혜 진

꽃이 피는 파릇파릇한 계절에 만나
꽃이 지는 걸 함께 보고
나뭇잎이 떨어지는 날까지 함께 한 우리

나뭇잎도 색을 바꾸는 것처럼
우리도 색을 바꾼다

비록 단풍잎처럼
떨어진대도 좋다

추억을 함께한
단풍같은 우리니까

나는 뭐하냐

최 명 우

가을이 와서 단풍이 폈는데
나는 뭐하냐

어젯밤에 개기월식이었는데
나는 뭐하냐

게임에서 동료가 죽었는데
나는 뭐하냐

학원 숙제가 아직 남아 있는데
나는 뭐하냐

지금 와서 후회하는
나는 뭐하냐

붕어빵과의 숨바꼭질

김 다 은

돌아온 붕어빵의 계절
이제 붕어빵을 찾아볼까

입동, 소설, 대설 찾는다!

골목길, 정류장 옆 샅샅이 살펴도
보이지 않는 붕어빵 포장마차

꼭꼭 잘도 숨은 붕어빵들
못 찾겠다 붕어빵

귤

하 지 현

겨울이 다가오고
하나 둘 귤 파는 곳이 생기면
바로 사러 가지

주황빛 귤껍질 벗기자
내 손톱에 귤껍질이 끼었다
이건 중요하지 않아

붙어있는 흰 줄 떼어내고
마침내 하나 집어 먹으면
입안 가득 퍼지는 귤의 향기와
새콤달콤한 맛

어느새 바닥에는
귤껍질이 한가득

박스 안에 그 많던

귤

다 어디로 갔지?

달리기

서 지 우

나무가 지나갔다
전봇대가 지나갔다
바람이 지나갔다
헉! 그것들이 지나간 게 아니라
'내가 달리고 있었구나!'

달리는 것도 잊은 채
오늘도 나는 어김없이 앞만 보고
열심히 달린다

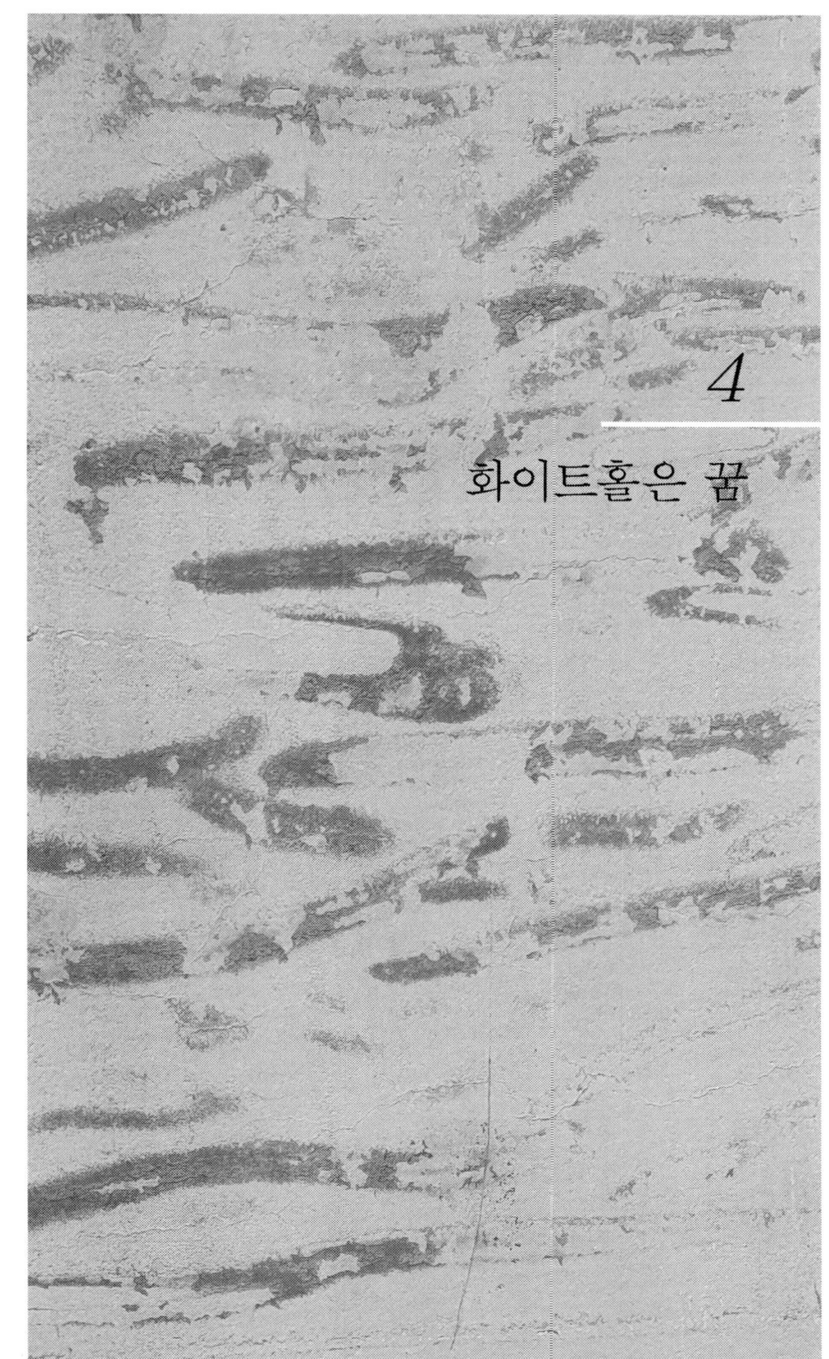

4

화이트홀은 꿈

입시 미술

황 태 현

맨날 정해진 틀
정해진 주제에
다 똑같은 그림

나는
이 복제품들 사이에서

자유롭게
진짜를 그리고 싶다

색칠

정 윤 서

나는 하루하루
내 마음 속에
색칠한다

하루는 검정색
하루는 알록달록

매일같이
다양한 색으로 색칠한다

그러나
나는 오늘도
검정색으로
색칠을 하고 말았다

밤하늘

이 지 은

오늘도 하루를 마무리짓기 위해
새카맣게 하늘을 뒤덮는다
새카맣게 뒤덮인 하늘에
보일 듯 말 듯 별들이 콕콕 찍혀져 있다
그러면 한 폭의 그림인 밤하늘이 완성된다

늦은 시간까지 힘들게 달려온
사람들을 위한 선물이자
다음을 위해 힘내라는 격려다

밤하늘은 오늘도 선물을 준다

카메라

김 영 민

우리의 좋고 나쁜
추억을 찍는 카메라

나의 성장 단계를
나타낼 수 있는 카메라

나와 가족의 추억
나와 친구의 추억

여러 가지의
행복하고 좋은
추억들을

카메라 메모리가
가득할 때까지
나는 찍고 싶다

화이트홀은 꿈

주 해 리

모든 것들을 삼켜 버리는 블랙홀
모든 것들을 쏟아내는 화이트홀

아직 화이트홀은 발견되지 않았지만
이 세상에 블랙홀이 있다면
어딘가에 화이트홀도 있을 거라고
내 마음에 그 구멍을 묻어둔다

언젠가 화이트홀 꼭 찾겠다고
내 마음에 그 꿈 묻어둔다

화이트홀이 품고 있는
내 꿈과 내 미래가
언젠가는 세상 밖으로 나오길 꿈꾼다

과거 현재 미래

이서영

과거 현재 미래
우린 과거 현재 미래에 있어

과거와 미래는 현재에게 답이 될 수 없지만
현재는 과거와 미래의 답이 될 수 있지

현재는 과거 바탕으로 미래 만들어 갈 뿐

과거형 미래형은 무수히 많지만
현재형은 하나이듯이
지금 이 시간은 하나뿐

우리의 빛나는 과거와 미래 위해
하나뿐인 현재 오늘 지금 이 시간을
의미 있는 현재로 만들어간다

퍼즐조각

문 성 준

나의 마지막 퍼즐조각
찾고 또 찾아도
보이지가 않는다

집 안을 뒤져도
밖에서 찾아봐도
아무리 찾아도 보이지 않던
마지막 퍼즐조각은

너였다

자세히

김 민 서

멀리서 보면
다 똑같이 생긴
별이라지만
자세히 봐야
특징이 드러나는
서로 다른 별처럼

우리는 별인가 보다
멀리서 보면
다 똑같이 생긴
사람이라지만
자세히 봐야
진짜를 알 수 있다는 걸

땅 보며 걷는 아이

곽소윤

오늘도 땅 보며 걷는다
혹시라도 내 발 아래

아등바등 살아보려 발버둥치는 개미가
아직 피지 못한 아기 민들레 한 송이가
누군가의 소중한 빛바랜 손수건이

내일도 땅 보며 걷는다
혹시라도 내 그림자 아래
열심히 일한 뒤 땀 식히는 개미가
굴러떨어져 작은 숨 내뱉는 돌멩이가
꿈틀꿈틀 기어가는 지렁이가

아이의 발자국 아래
사랑이 깃든다

갈림길

백무성

상승 아니면 하락
성공 아니면 실패

꿈과 현실의 차이
나도 알아 내 나이

왜 내가 철이 들어야만 합니까
난 내 선택을 존중할 거니까
언제든지 그럴 거니까
나는 위로 올라갈 거니까

공부해서 성공할지
내 특기로 성공할지
내 인생은 내가 정해
이젠 두 길 중 선택할 때

지가 뭔데?

임 하 리

시는 내가 찾을 때면
내 생각을 다 훔쳐간다

내 머릿속이 하얘지는 동안
시는 까매진다

그런데
내가 시를 찾지 않을 때면
서운한지

자꾸만 찾아와서
자기를 써달라고 한다

지가 뭔데?

철

권 시 현

철이 든다는 것은 뭘까

나를 위해 청춘을 버린 누군가를 향한 감사함일까
생명의 소중함을 알고 나를 희생할 줄 아는 걸까

소중한 사람을 떠올리면 느껴지는 마음 속 미안함일까
눈을 감기 전 보드라운 손길 기억하는 걸까

철이 든다는 것은 뭘까

인생은 권투 경기

김 채 현

인생이란
치열한 권투 경기
넘어지고 쓰러졌지만
그렇다고 해서 패배는 아닌 경기

인생이란
심판이 열을 세기 전까지
일어만 난다면
이길 수 있는 가능성의
권투 경기

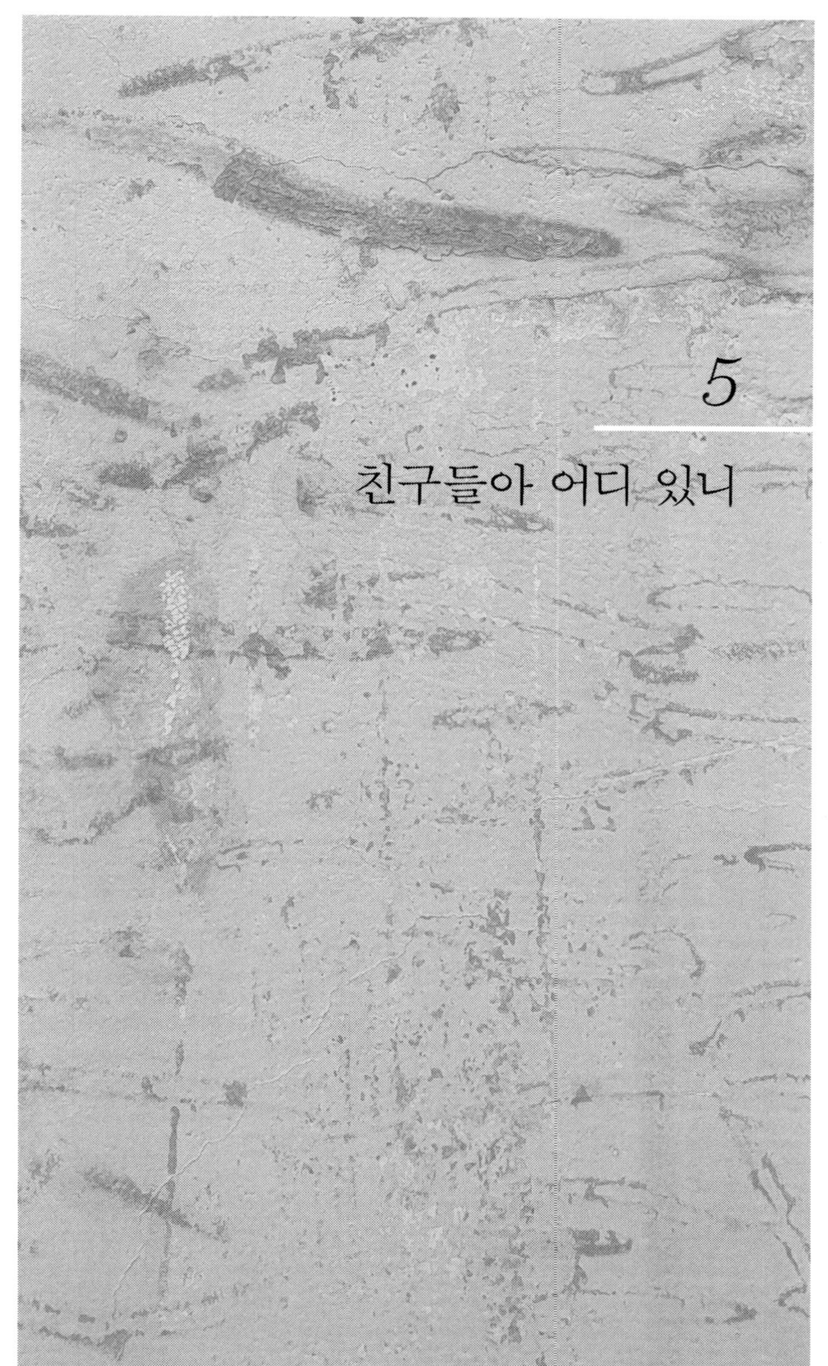

5

친구들아 어디 있니

마술사

김 다 은

말은 마술사다

한때는 부드러운 꽃이 되어
한때는 따가운 가시가 되어

마음을 간지럽히고
마음을 찌르는

말은 마술사다

부메랑

이 수 빈

"너 못 생겼어"
툭하고 내뱉은 나쁜 말
"어쩌라고"
부메랑처럼
내게로 다시 돌아온다

"너 되게 착하다"
남에게 해준 고운 말
"너도 착해"
부메랑처럼
다시 내게로 돌아왔다

한 번 내뱉은 말

김 연 수

한 번 내뱉은 말,
친구에게 큰 상처가 될 수 있고
한 번 내뱉은 말 때문에 후회하고
한 번 내뱉은 말 때문에 관계가 흐트러진다

한 번 내뱉었던 말들

몸의 상처는 치료할 수 있지만
마음의 상처
치료할 수 없게 된다

형광펜

김 지 우

나에게 넌
형광펜 같은 존재야

항상 어둡던 내 일상
밝게 비춰주고

항상 지나치던 내 하루
소중하게 만들어주고

항상 글씨로 가득 찬 내 머리
깨끗하게 정리해주지

너와 내가 만날 땐
너는 나로
나는 너로
서로 물들지

가끔 네가 검게
변할 때도 있지만

난 형광펜 같은 널
내 필통 속에 품고 있어

나의 첫사랑이야

노 지 우

처음 느끼는 감정
강아지풀처럼
보들보들하고
간질간질한 마음

안 보는 척 눈은 가 있고
안 듣는 척 귀는 열려있고
매 순간 함께 하고 싶고

이런 내 마음
그 녀석은 모르겠지

하지만 이 말만
너에게 꼭 해주고 싶다

"니가 나의 첫사랑이야"

하쿠나 마타타

이 서 영

차가운 바람이 불어올수록
수험장의 조명이 하나씩 켜집니다
다 잘 될 거에요 하쿠나 마타타

차도 없고 등교하는 학생들도 없는 텅 빈 길거리를
단어장 손에 쥔 채 걸어갑니다
다 잘 될 거에요 하쿠나 마타타

OMR 카드에 우리들의 꿈을 채워넣는 거예요
시험지 속 수많은 체크 표시들은 우리의 꿈을 향한 걸음걸음이 예요
다 잘 될 거에요 하쿠나 마타타

계단

서 지 우

친구들과 함께 계단을 오른다
더 높이 가기 위해
한 칸 한 칸 오른다
뛰다가 걷다가를
수십 번 반복한다

열네 번째 칸에서
난 넘어진다.
언제 그랬냐는 듯 다시 일어난다

한 칸 한 칸 오른다
친구 한 명이 넘어진다

언제 그랬냐는 듯 다시 일어난다
한 칸 한 칸 오른다

우리는 또 넘어질까 봐
조심조심 오른다

괜찮다
또 넘어지면 다시 일어나면 되지

마음이 만나는 소리

윤 준 아

하나, 둘, 셋하고
세 번 톡톡톡! 두드리면
"힘"

하나, 둘하고
두 번 톡톡! 두드리면
"내"

또 하나, 둘하고
두 번 톡톡! 두드리면
"세"

한 번 더 하나, 둘하고
두 번 톡톡! 두드리면
"요"

마지막으로 하나하고
한 번 톡! 두드리면
전송

모두의 마음도 한 발짝,
두 발짝 다가가며 만난다

향수

구 나 연

뿌리면 오래 향이 남듯이
너는 떠나겠지만
나는 계속 생각난다

지나치다 맡은 향은
너에게서 나는 향이었다

냄새는 결국 지워지듯
너는 결국 지워지겠지만

향이 나는 동안 달콤했던 것처럼
그 순간 너랑 정말 달콤했었다

초록색 하늘

이 윤 지

덜 닦인 분필들이
칠판에 구름을 만들었다

내 눈 앞에 초록색 하늘이 펼쳐진다

어렸을 땐 파아란 하늘을 보며
풍선 타고 날아오를 수 있을 것만 같았지만

지금은 초록색 하늘만 멍하니 바라보며
잡힐 듯 잡히지 않는 풍선 잡기 위해 애쓴다

보고 싶은 사람들에게

우 하 정

친구들아 어디 있니?
나 지금 따사로운 바다에서 몸 적시며
편안히 돌아갈 배 기다리고 있어

엄마 아빠 어디 계세요?
저 지금 어두컴컴한 물속에서 차가운 물 맞으며
저 찾아줄 배 기다리고 있네요

나를 애타게 찾고 있는 보고 싶은 사람들에게
내가 기다리고 있던 모든 것들이 돌아오지 않게 되었어요

나는 오늘도 하염없이 나를 찾아줄 배 기다리고 있네요

따옴표

이나현

쉬지 않고 내 삶을 이어나가는 나에게
'따옴표' 하나만 찍어 줬으면
이렇게 열심히 달려온 나에게
따옴표 하나 찍어줄 순 없는가

열심히 달려온 나에게, 우리에게
언젠간 인생의 따옴표가 찍히길 굳게 기다린다
우리가 평소에 쓰던 그 따옴표가
우리 인생에도 찾아오기를

1

구 민 혁

친했던 우리
말다툼 후 어색해진 우리

카톡에 들어가 '미안해'
적고 지우며 기다리는 나
시간이 흐를수록 점점 불안해지는 나
'안 받아주면 어쩌나'

그러나 친구가 먼저 보낸
'미안해'
나도 다시 보낸 '미안해'

'미안해' 한 마디로
짧은 시간 두 가지 그 일이 사라졌다

할로윈의 악몽

이 지 은

할로윈의 악몽
그저 스쳐지나가는 말인 줄 알았다

할로윈의 악몽
그저 무섭게 하려는 말인 줄 알았다

그러나
진짜 악몽이 되었다

이제 갓 피어난 장미들은
국화로 변했고

사람들은 이 악몽을
기억 속에서 금방 잊을 테니……

할로윈의 악몽이다

조용한 공격

김 태 욱

친구랑 싸웠다
내 마음에 갇힌 울분이 터지기 직전에
싸움이 끝나버렸다

내 마음에 갇혀있던 울분이 흩어져
친구들 귀로 들어가
싸웠던 친구에게 조용한 공격이 되었다

싸운 사람에게 직접 말하지 않고
조용히 공격하는 게 더 큰 공격이란 걸 알았지만
나와 그 친구는 이미 멀어진 뒤였다

기억할 것

이 서 율

기억할 것
그들 중 한 명이 어쩌면 나였을 수도 있음을

기억할 것
수백 명의 죽음을 막는 방법 우리는 알고 있었음을
앞으로 다시는 이런 비극이 일어나지 않게 해야함을

언제나 그랬듯
어른들은 서로의 잘 잘못만 따지며
비난할 뿐이다

친구가 삐졌다

안서현

"내 생일 언젠지 알아?"
훅 들어오는 친구의 질문
백지처럼 새하얀 머릿속
기억나지 않는 친구의 생일

"모르겠어, 며칠인데?"
"너 나랑 생일 같잖아!"
친구가 삐졌다

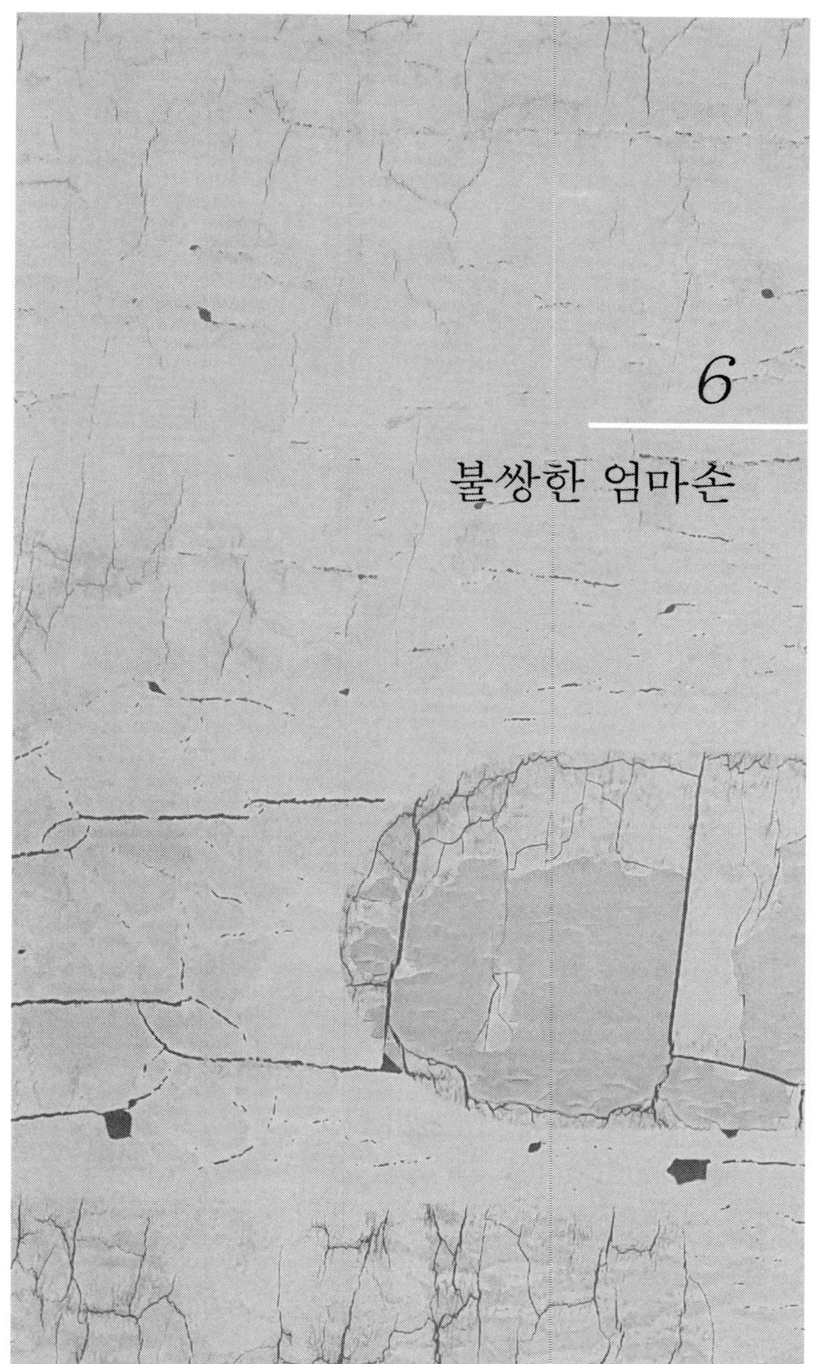

6

불쌍한 엄마손

텔레파시

문 우 준

우리 가족은 말이 없다

밥상 앞에서도
TV 앞에서도

들리는 말은 엄마의 잔소리뿐

그래도 우리는
서로의 요구를 안다

우리는 텔레파시가 통한다

엄마가 모르는 남자들만의 텔레파시

붉은 실

이서윤

인연은 붉은 실로 이어져 있다고 했다
엄마와 나도 그런 걸까?

한 손씩 묶은 붉은 실
줄다리기하듯 당겨댄 그 실 끝엔
늘 넘어진 엄마가 있었다
이긴 줄로만 알았지만
엄마는 져준 거였다

때때로 실 위에 위태롭게 매달렸어도
그때마다 붙들어준 엄마가 있었기에
나는 괜찮았다

서로를 연결한 붉은 실은 끊기지도 않고
저 높은 낭떠러지에서도
굳게 잡아주는 붉은 동아줄이 될 것이다

너의 힘

김려은

가족에겐 빠져선 안 될 힘이 있어

행복한 가정을 꾸리는 사랑의 힘
무너져도 다시 일어날 수 있는 위로의 힘
죽었다 깨어나도 하나뿐인 내 편 응원의 힘

가장 중요한 힘이 있어
너만이 줄 수 있는 가장 큰 힘
네 마음이야

보여줄까 말까 고민 고민
부끄럽고 쑥스러워 꽁꽁 숨겨둔 힘

가족에겐 가장 큰 힘이야

거슬러 거슬러

정현수

시간을
거슬러 거슬러
그리운 어머니의 품 속으로

시간을
거슬러 거슬러
한 마리 자유로운 연어처럼
사무치게 그리운 옛 고향으로

시간을
거슬러 거슬러
그리운 동무들 곁으로

이제는 돌아갈 수 없지만
언제나 마음 속에서
별처럼 빛나길

서~엉 자~앙

석 정 인

아프다 몸도 마음도
엄마에게 모진 말로 상처주었던 날
믿었던 친구에게 뒷담화 당했던 날

왜 그럴까? 여전히 나는 모른다

다른 사람의 삶을 이해하는 것
배려하는 것, 나누는 것
또 스며드는 것

타인의 삶에 집중하느라 나의 삶에 집중하지 못했다
소중한 가족, 친구들에게 상처주고 또 후회했다

왜 그럴까? 여전히 나는 모른다
그저 아파할 뿐

할머니 손

우 하 정

할머니 손은
고생스러운 일 많이 해서
주름이 많다

할머니 손은
비지땀 나는 일 많이 해서
군데군데 상처투성이다

할머니 손은
주름도 상처도 느끼지 못하게 할
따뜻한 손길이 느껴진다

할머니는 항상
따뜻한 손길로 나를 보듬어주신다

동글동글 우리 조카

김가온

동글동글 달처럼
귀여운 우리 조카
혓바닥 날름날름 침은 주르륵
통통한 손, 다리 모든 게
귀여운 우리 조카

더우면 찡찡거리고
시원한 선풍기 바람 앞에 서 있으면
엉덩이로 덩실덩실 춤 춘다

옹알옹알거리며 나에게 이야기한다
모든 게 귀여운 우리 조카
언제나 봐도 사랑스럽다

오감의 추석

이 서 영

추석에 할머니 집 가면
오감의 추석을 느낄 수 있다

귀여운 사촌 동생이
재롱부릴 때의 시각

할머니 집안에
웃음소리로 가득 찰 때의 청각

제사상 위에
향이 피어오를 때의 후각

맛있는 음식이
내 입 안에서 춤출 때의 미각

할머니께서

나를 안아주실 때의 촉각

나는 오감의 추석이
참 좋다

불쌍한 엄마 손

고 민 정

어느 날 우연히 본 엄마 손
손가락뼈가 다 튀어나와 있다

아직은 젊으신데
우리 엄마의 불쌍한 손을 보면
나는 눈물이 난다

손가락이 아파도
아픈 내색 전혀 없이
그냥 파스만 조금 붙이신 줄 알았는데
평소 하시던 대로 묵묵히 일하시는
우리 엄마

나는 왜 몰랐을까?
엄마 손 무지개처럼
예쁘게 꾸며 드려야지

하늘 같은 엄마

이 수 빈

캄캄한 암흑 속
밝은 빛이 되어주는 햇빛처럼
따스한 엄마의 눈빛이 느껴진다

둥실둥실 떠다니는
달콤한 솜사탕 같은 구름처럼
포근한 엄마의 품이 느껴진다

밤이 되어 해가 지고
밤하늘에 별들이 노래 부를 때
둥근 달처럼 예쁜 엄마의 미소가 느껴진다

내 마음에 비가 쏟아진 후
엄마는 일곱 빛깔 무지개가 되어
나를 위로해 준다

서로 다른 추억 간직하는 우리

유수영

여행을 자주 가는 우리 가족

아빠는 맛집 담당
엄마는 계획 담당
나는 즐기기 담당

여행을 좋아하는 우리 가족

아빠는 캠핑
엄마는 펜션
나는 호텔

여행이 추억으로 통하는 우리 가족

아빠의 추억 맛집
엄마의 추억 풍경

나의 추억 가족과 보낸 시간

같은 곳을 여행하지만
서로 다른 추억을 간직하는
우리 가족

얼라

이 수 빈

할머니 댁에 가면
“얼라 왔냐?”

음식 흘리면
“아이구! 얼라야.”

조금 투덜대면
“얼라야, 철 좀 들어라.”

얼라?
우리 할머니는
나를 얼라라고 부른다

조금 웃기기도 하지만
나는 얼라가 좋다

가시기

김 민 서

할머니께서
"저쭈 저 가시기 쫌 갖고 온나!"
저쭈 저가 어디고
가시기는 또 뭘까

가지를 갖다 드렸더니
"아니, 그 말고!"

가위를 갖다 드리니
"그래, 그거!"

할머니 화나신 줄 알았다

엄마, 처음이라 미안해

고 민 정

등교하는 아침
엄마는 매일 나에게
미안하고 사랑한다고 말한다

나도 엄마의 첫 딸이라
미안하고 고마운 마음 들지만
매번 들으니 자꾸만 콧평수 넓어진다

큰 딸에게 사랑한다는 말
큰 딸에게 고맙다는 말 듣고 싶었을 텐데

엄마에게 사랑한다는 말
엄마에게 고맙다는 말 서툴고 어색했다

처음이라 설렜던 엄마
처음이라 서툴러

엄마 마음 실망시켰다

“엄마, 나도 처음이라 미안해”

내가 사랑하는 그녀

김 가 온

그녀는 언제나
나를 행복하게 해준다

속상한 일이 있으면
손수건처럼 속상한 걸 닦아주고

내가 잘못한 게 있으면
내 옆에 선인장처럼
따끔따끔하게 해준다

난 그녀를 사랑한다.
그녀는 나에게 가장 소중한 사람
우리 엄마니깐

할머니

도 가 연

쪼글쪼글한 피부 가진
우리 할머니

뽀글뽀글한 파마하신
우리 할머니

향기롭지 않지만 포근한 체취의
우리 할머니

오늘 따라
우리 할머니 보고싶다

감사합니다

박 미 향

외롭지 않은 한국에서 태어나게 해주셔서 감사합니다
한국에서 절 낳아주신 부모님 감사합니다
삼시세끼 굶지 않고 먹을 수 있게 해주셔서 감사합니다

쉽고 간단한 훈민정음 만들어주신 세종대왕님 감사합니다
한국에서 초등학교와 중학교를 다닐 수 있어 감사합니다
한글을 가르쳐주신 선생님과 부모님 감사합니다
한글로 읽고 말할 수 있어 감사합니다
이 시를 한글로 쓸 수 있어 감사합니다

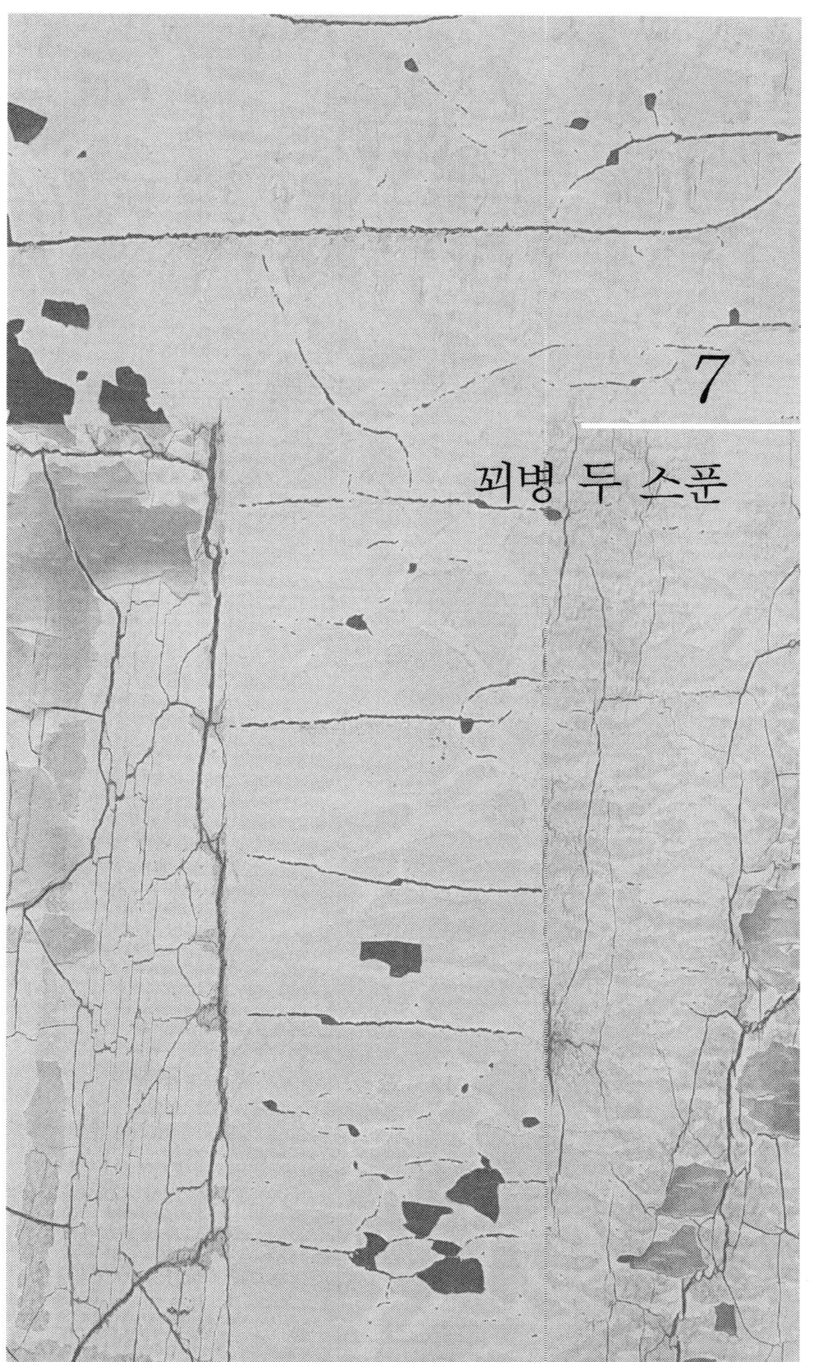

7

꾀병 두 스푼

너의 표정을 보여줘

이 민 형

도저히 모르겠어
너의 표정을
너가 기쁜지 슬픈지
내가 너의 표정을
읽을 수 있는 것은
오직 '눈' 뿐인 걸
마스크에 가려진
너의 얼굴
이젠
보고 싶어

가려진 마음

손 채 원

마스크 속에 가려진 얼굴들
교실 빼곡하게 채웠다

찡그린 눈썹이
웃는 건지 우는 건지
내 뇌의 신호는 오늘도
알 수 없음

가려진 마스크 속 얼굴이
어떠한 표정인지
나는 오늘도 신호를 받는다

띠띠띠—

"마음 알 수 없음"

화장은 화장일 뿐!

김지우

파운데이션으로 화사하게 피부 만들고
빨갛게 익은 여드름 컨실러로 가려서
도자기 같은 피부 만들면
꼰대가 말한다
"너 남자 친구 생겼니?"

모나리자 같은 내 눈썹 그리고
도화지 같은 눈두덩이 핑크빛 섀도우로 칠하고
뷰러로 눈썹 찝어서
고양이 같은 눈 만들면
꼰대가 말한다
"너 면접 보러 가니?"

난 그저 예뻐지고 싶었을 뿐
남자 친구도
면접도 없어

꾀병 두 스푼

정 지 인

오늘은 그런 날이다

가기 싫은 학교가
유난히 더 가기 싫은
월요일이라 시간표가 마음에 들지 않는 그런 날

준비 안 된 국어 수행평가
오늘은 딱 꾀병이 필요한 날

들지도 않은 감기
먹지 않아도 되는 약
사탄도 울고 갈 연기력
또 불러내야 할 때다

약 한 스푼
꾀병 두 스푼

점심시간

윤 지 수

피곤해 엎드려 있으니
들리는 규칙적인 내 심장소리
새근새근 고요한 내 숨소리

쿵쾅쿵쾅 뛰어다니는
남자애들 소리
조잘조잘 수다스런
여자애들 소리

갑자기 조용해지면
선생님 오셨다는 소리

잘못의 무게

신 준 환

나는 잘못했다
결과는 위클래스
결과는 교무실
결과는 선생님의 잔소리

하지만 나는 부정하지 않았다
내 마음 여섯 글자로 표현
할 수 있다

잘.못.했.으.니.까

나에겐 당연한 일이었다.

나의 잘못은
늘 쇠처럼 무거웠다
하마보다 훨씬 크다

어쩌면 고층 빌딩보다
무거울지도

잘못의 무게는 얼마일까?

시험

오 지 원

니가 뭔데
나를 울리니?

니가 뭔데
나를 절망하게 하니?

니가 가진 거라고는
흰색 바탕에 검은 점 뿐인데

이렇게 나를
울리고, 절망하게 만드는지

앞으로도 쭉 봐야 하는데
친해지고 싶다는 생각이 전혀 안 든다

너 정말 싫다

-8

이 준 화

초등 시력검사 때 나온 숫자
그것 때문에 바뀌어버린 내 삶

눈으로 보는 것보다
마음으로 보는 것이 늘고
내 얼굴의 가벼움보다
예민한 무거움이 늘었다

이 -8이라는 시력이
내 삶에
마음의 눈과 무거움을
떨어뜨리고 갔다

과속

장 현 수

친구들과 게임 한번하고 나면
단속카메라에 찍혀 있고

숙제를 하고 나면
과속 벌금 고지서가
도착한다

하루에도 셀 수 없이
과속 단속에 걸리는
그 녀석

과속 전과범
'시간'

나도 보고 싶다고

신 연 지

전학생이 왔다

어떻게 생겼을까?
몇 반일까?
어느 학교에서 왔을까?
성격은 어떨까?
키는 클까?

궁금증에 만나러 가는 순간
학년부장 선생님의 방송 멘트

"전학생 보러 가지 마세요."

나도 보고 싶다고~

너 때문에

장 현 욱

너 때문에
달아올랐던 열은
너 때문에 식어 버렸고

너 때문에
행복했던 우리의 시간들은

너 때문에
내 마음속 깊은 곳에
묻어둬야만 했어

나란 놈은
그냥
"다 너 때문이라고"하고 싶었나봐

앞머리

이 수 윤

머리 감고 거울 보니
앞머리 삐뚤삐뚤

가위 들고
"싹둑"
아, 이런 더 삐뚤삐뚤

짜증 억누르고 다시 당겨
"싸악둑"
손 떼니 시원해진 이마

아, 학교 가긴 글렀다

꿈! 어려워

박 효 빈

꿈은 참 많고 다양하게 있는데
“왜 찾지 못할까? ”
나 자신한테 질문해 본다

소방관, 경찰, 의사, 간호사 기타 등등
이렇게 많은데 “왜 찾지 못할까?”
또 한 번 나한테 질문한다

어른들은 아직 어리니 괜찮다고 하는데
나는 지금 당장 꿈을 찾고 싶은데
어른들은 잘 모르는 것 같다

한글 꽃

김 려 원

나의 한글을 곱게 다루어 준다면
나에게 좋은 향을 풍겨 주어
웃음이 나고 자신감이 생겨
나의 마음의 꽃 활짝 피어나지만
나의 한글에 무관심으로 대하면
나에게 악취를 풍겨 주어
화가 나고 우울이 생겨
나의 마음의 꽃 시들어 간다

명자꽃

김 준 명

명자꽃 참 사람 이름 같다
명자씨~ 사람 이름이라고 해도 믿을 것 같다

명자꽃 이름이 참 예쁘다

사람이라고 비유하면
늙은 중년 여자가 생각난다

성지중학교 1학년 학생시집

오늘은 무지개떡

초판 인쇄 2023년 1월 10일
초판 발행 2023년 1월 15일

엮은이 / 김경순 · 배명은
펴낸이 / 박진환

펴낸 곳 / 만인사
출판등록 / 1996년 4월 20일 제03—01—306호
주소 / 41960 대구광역시 중구 명륜로 116
전화 / (053)422—0550
팩스 / (053)426—9543
전자우편 / maninsa@hanmail.net
홈페이지 / www.maninsa.co.kr

ISBN 978—89—6349—176—9 03810

값 13,000원